DIOS ES AMOR

I Juan 4:8b

Dra. Lisa H. Fuller

Publicado por
Aprendiendo Hábitos Realísticos para el Futuro

Publicado por
Aprendiendo Hábitos Realísticos para el Futuro

ISBN: 978-0-9754023-5-1

Producido en los Estados Unidos de Norteamérica

Diseño de la cubierta y el interior por: Christina Dixon

Dedicatoria:

Dios,
¡Muchas gracias por tu amor!

Para Cameron Fuller

Dios,

Estoy orando que cada persona que lee éste libro sea grandemente bendecido. Te pido que los protejas a ellos y a sus familias. Que los mantengas sanos y salvos en casa y en la escuela.

En el nombre de Jesús.

Amén

Dios es amor.

I Juan 4:8b

La Biblia es un Libro Santo.

Dios nos habla y nos dice quién es El a través de la Biblia.

Las Sagradas Escrituras es todo lo que se encuentra escrito en la Biblia.

Y su palabra carcomerá como gangrena; de los cuales son Himeneo y Fileto, 2 Timoteo 2:17

Las Sagradas Escrituras nos dicen que...

En el principio creó
Dios los cielos
y la tierra.

Génesis 1:1

Dios es el Creador del universo y Dios es Amor.

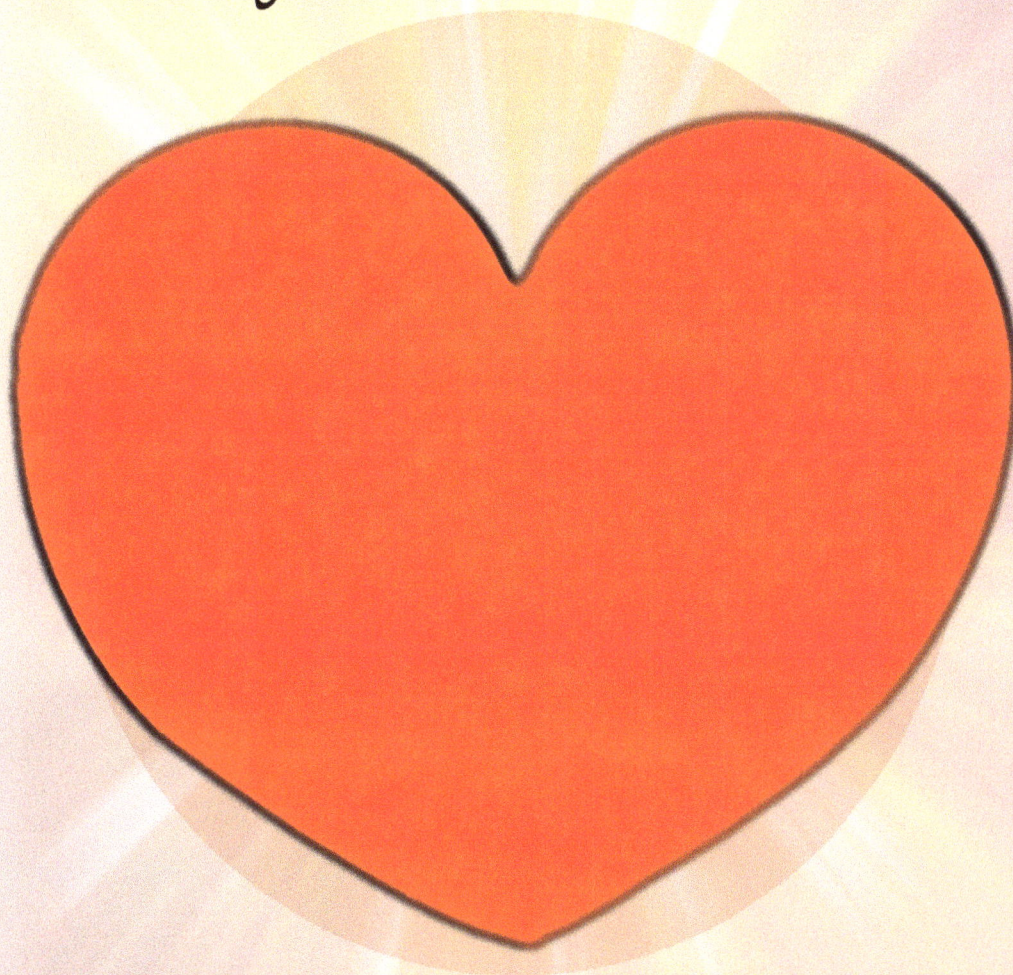

Dios nos ama y quiere que lo amemos a El.

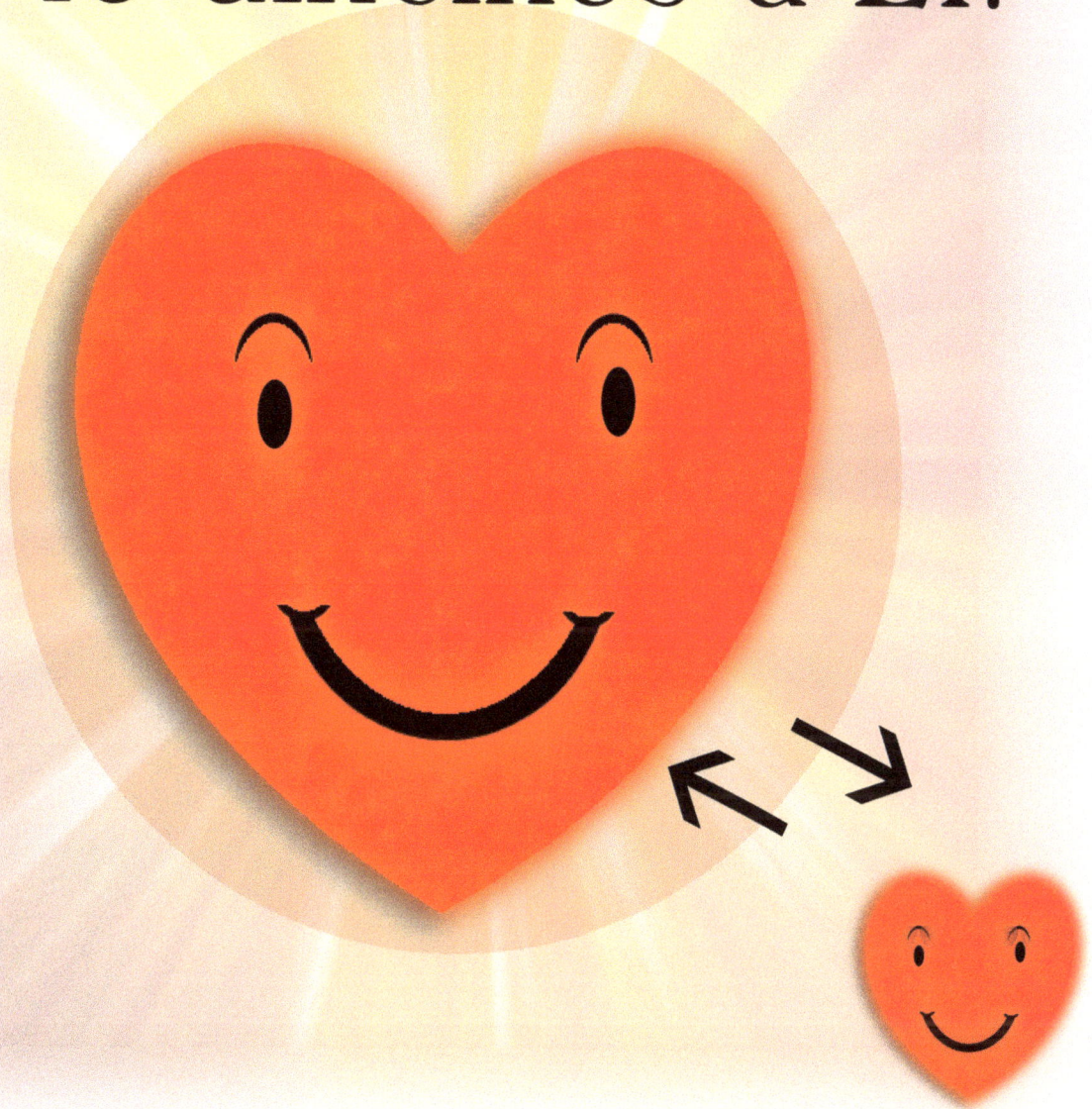

Dios quiere que nos amemos los unos a los otros.

Cuando hacemos cosas malas como desobedecer a nuestros padres, robamos, mentimos, somos deshonestos, cometemos homicidio, o no somos amables a los demás, nosotros cometemos ofensas contra Dios.

Estas ofensas se llaman

PECADOS

A Dios no le gusta el pecado.

DIOS

PECADOS

Dios nos ama y quiere estar con nosotros.

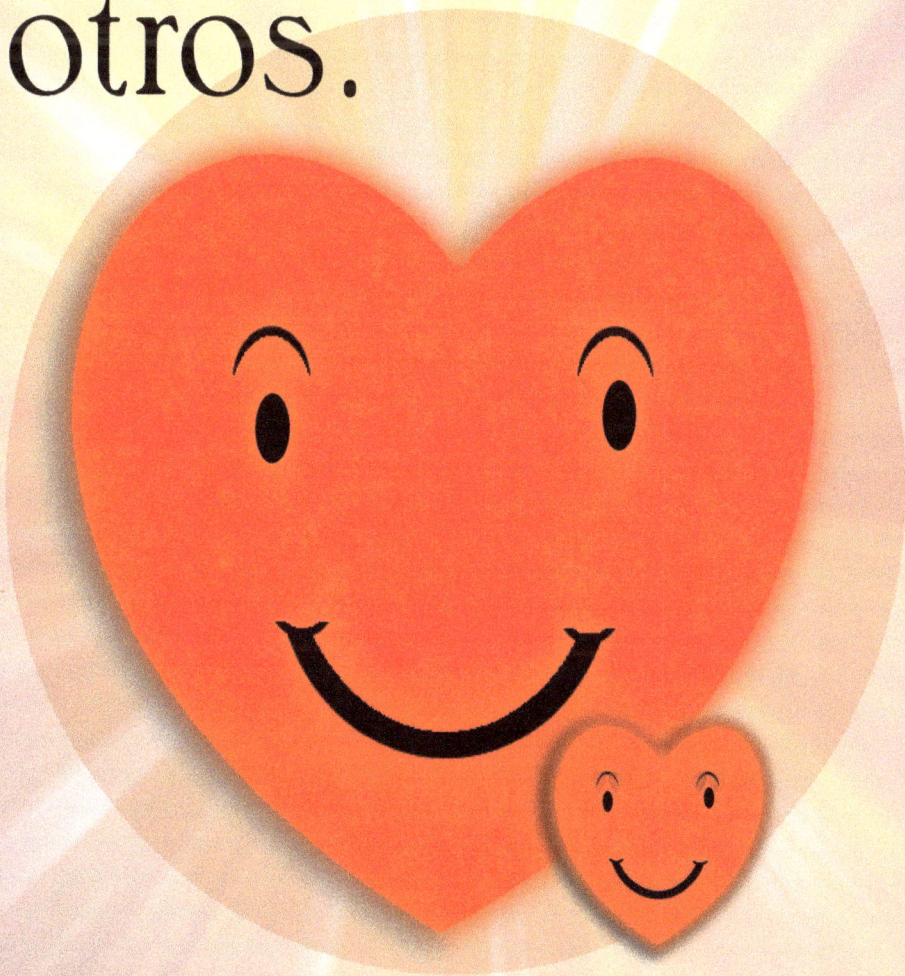

Dios envió a Jesús a pagar el castigo por nuestros pecados por medio de su muerte en la cruz por nosotros.

En el tercer día, Jesús resucitó de la tumba.

Hoy,

Jesús está sentado a la diestra del Padre en el cielo.

La Biblia dice en San Juan Capítulo 3 versículo 16

Porque de tal manera amó Dios al mundo, que ha dado a su Hijo unigénito, para que todo aquel que en él cree, no se pierda, mas tenga vida eterna.

San Juan 3:16

Así es como sabemos que Dios nos ama.

¿Puedes aceptar que Jesús ha pagado el precio por tus pecados?

¿Quieres aceptar a Jesús como tu Señor y el Salvador de tu vida?

Diga la próxima página en voz alta.

Creo en mi corazón que Jesús es el Hijo de Dios. Creo que Jesús murió en la cruz y que resucitó de la tumba. Acepto a Jesús como Señor y Salvador de mi vida.

Ahora ya no estás separado de Dios.

¡Dios es amor!

El que no ama, no ha conocido a Dios; porque Dios es amor.

I Juan 4:8

Oración:

Dios,

Te doy las gracias por cada persona
que acepta a Tu Hijo como su Señor
y su Salvador y recibe el perdón de
sus pecados.

Dales la confianza que Jesús es
Señor.
Déjales saber que Tú eres Amor.

Amén

SOBRE EL AUTOR

Dra. Lisa H. Fuller es la Supervisora de Lisa H. Fuller Ministries, Pastor Principal de Christ's Arms Reaching Everywhere Ministries, un autor publicado, orador internacional, psiquiatra.

Para ponerse en contacto con la Dra. Lisa para charlas, envíe una solicitud a: LisaHFullerMinistries.org | DrLisaHFuller.com
O envíe un correo electrónico a: DrLisaHFuller@DrLisaHFuller.com

PRODUCTOS

Infantil
Dios es Amor (Libro para niños)

Estímulo
Ya tienes todas las herramientas que necesitas
Edición Especial

Diario de devoción de 30 días para mujeres + 1

Terminar Fuerte
Autor colaborador: Dra. Lisa H Fuller

Misiones
Manual de Misiones

Diario Con Mentalidad misionera

Y más

Para comprar, vaya a:
LearnRealisticHabitsfortheFuture.com

También disponible en Amazon

www.ingramcontent.com/pod-product-compliance
Lightning Source LLC
Chambersburg PA
CBHW041635040426

42447CB00021B/3496